SALLE N. 1

CURIOSITÉS

MEUBLES

TAPISSERIES — ÉTOFFES

EXPOSITION PUBLIQUE

Le Vendredi 19 Février 1875

Mᵉ CHARLES PILLET,
COMMISSAIRE-PRISEUR
10, rue de la Grange-Batelière.

M. CHARLES MANNHEIM,
EXPERT
7, rue Saint-Georges.

CATALOGUE

DE

CURIOSITÉS

BRONZES, PORCELAINES, FAIENCES, OBJETS VARIÉS

MEUBLES

SECRÉTAIRE, FAUTEUILS, CHAISES DES ÉPOQUES LOUIS XIII,
LOUIS XIV, LOUIS XV ET LOUIS XVI

TAPISSERIES — ETOFFES

DONT LA VENTE AURA LIEU

HOTEL DROUOT, SALLE N° 1

Le Samedi 20 Février 1875,

A DEUX HEURES.

~~~~~~~~~~~~~~~~~~

Par le ministère de M° **CHARLES PILLET**, Commissaire-Priseur,
10, rue de la Grange-Batelière,

Assisté de **M. CHARLES MANNHEIM**, Expert,
7, rue Saint-Georges,

Chez lesquels se trouve le présent Catalogue.

~~~~~~~~~~~~~~~~~~

EXPOSITION PUBLIQUE : Le Vendredi 19 Février 1875
DE UNE HEURE A CINQ HEURES.

CONDITIONS DE LA VENTE

La vente sera faite au comptant.

Les adjudicataires payeront *cinq pour cent* en sus des enchères.

L'exposition mettant le public à même de se rendre compte de l'état des objets, il ne sera admis aucune réclamation une fois l'adjudication prononcée.

Paris. — Imp. PILLET FILS AÎNÉ, 5, rue des Grands-Augustins.

DÉSIGNATION DES OBJETS

BRONZES

1 — Joli encrier en laque garni de bronzes finement ciselés. Époque Louis **XV**.

2 — Grand et beau heurtoir vénitien en bronze représentant une dogaresse montée sur des chevaux marins, xvi⁰ siècle.

3 — Baiser de paix de forme architecturale à fronton orné. Au milieu, plaque d'argent repoussé. Fin du xv⁰ siècle.

4 — Figure d'homme agenouillé ayant servi de support reposant sur une base triangulaire ornée de feuillages mi-partie dorée. Bronze du xvi⁰ siècle.

5 — Grand plat vénitien en cuivre repoussé, avec inscriptions gothiques.

6 — Encrier en bronze formé d'une vasque supportée par trois figures de génies ailés et surmontée d'un Neptune accosté de deux chevaux marins. xvi⁰ siècle.

7 — Jolie fontaine en cuivre supportée par trois éléphants ornés de mascarons, fleurs de lys et coquillages. Époque Louis XIII. Haut., 66 cent.

8 — Encrier en bronze formé par trois sirènes. Le couvercle est surmonté d'un guerrier casqué tenant une lance. xvie siècle.

9 — Sceau de François Sforza, duc de Milan. Pièce rare. xve siècle.

10 — Paix en bronze du xvie siècle.

11 — Paire de flambeaux en bronze, armoriés. Époque Louis XIV.

12 — Belle paire de candélabres rocaille argentés à trois lumières. Époque Louis XV.

13 — Jolie paire de candélabres en bronze argenté à deux lumières. Époque Louis XV.

14 — Deux bouts de table en bronze argenté à deux lumières, avec armoiries gravées. Époque Louis XVI.

15 — Deux plats en cuivre repoussé à riche décor. Travail vénitien moderne. Seront vendus séparément. Diam., 60 cent.

FAIENCES & PORCELAINES

16 — Grand et beau vase d'Urbino à deux anses. Sur l'une

des faces, un blason formé d'un aigle double et de trois étoiles, entouré de figures de génies. Sur l'autre face, grande composition à sujet biblique. Sur le piédouche : *Urbini, Alfonso Patanazzi*. Haut., 61 cent.

17 — Grand bassin d'une très-riche décoration en ancienne faïence d'Urbino, représentant Joseph vendu par ses frères. Sur le revers, décor à paysage. Fin du xvie siècle.

18 — Groupe en ancienne faïence d'Urbino, formé d'un rocher surmonté d'un ermitage au pied duquel sont des moines en prière.

19 — Grand plat en ancienne faïence d'Urbino, suje' tiré de l'Ancien Testament. Bordure à arabesques. Diam., 39 cent.

20 — Vase en ancienne faïence d'Urbino, décor à arabesques en grisaille sur fond bleu, portant le millésime de 1575.

21 — Joli surtout de table en ancienne faïence de Trévise, formant huillier et salière, et surmonté d'une coupe ovale.

22 -- Encrier en ancienne faïence de Faenza, de forme carré long, orné d'arabesques en grisaille sur fond bleu.

23 — Groupe d'enfants en terre émaillée de *Lucca della Robbia*.

24 — Quinze manches de couteaux en ancienne faïence de Venise.

25 — Encrier en ancienne faïence de Naples.

26 — Quatorze manches de couteaux en ancienne faïence de Venise.

27 — Grand vase en ancienne faïence de Faenza à médaillon de guerrier et rinceaux sur fond bleu.

28 — Jolie cafetière en ancienne faïence de Venise, décor à paysage en camaïeu violet.

29 — Deux jolies assiettes en ancienne faïence de Venise, décor à fleurs à reliefs. Seront vendues séparément.

30 — Grand plat à ombilic saillant, décoré d'oiseaux, d'animaux et de feuillages. Fabrique de Savone. Diam., 47 cent.

31 — Jolie soupière en ancienne faïence de Marseille. Au fond, paysage en camaïeu violet.

32 — Deux jardinières Louis XV en ancienne faïence de Strasbourg.

33 — Petit flacon à odeurs, forme bouteille à long col, en ancienne faïence de Perse.

34 — Deux cache-pots en ancienne faïence de Moustiers.

35 — Grand vase à anse en ancienne faïence de Perse.

36 — Bol et soucoupe en ancienne faïence de Perse.

37 — Théière en ancienne faïence de Perse.

38 — Deux tasses et soucoupes en ancienne faïence de
Perse.

39 — Grande et belle potiche en ancienne porcelaine de
Chine, à pans coupés ; décorée d'émaux de qualité très-
ancienne. Haut., 80 cent.

40 — Deux vases à anses en ancienne porcelaine de Capo
di Monte, représentant des vues de Naples.

41 — Jolie petite cafetière en ancienne porcelaine de Saxe.
Décor à fleurs.

42 — Tasse et soucoupe en ancienne porcelaine de Saxe,
avec les armoiries et le portrait de Pie VI.

OBJETS VARIÉS

43 — Triptyque en bois du xve siècle, à compartiments
losangés, renfermant de petites plaques d'émail à figures de saints. Sur les deux volets extérieurs, l'An-
nonciation.

44 — Belle paire de vases en porphyre, monture en bronze
doré. Epoque Louis XVI. Haut. 46 cent.

45 — Deux coupes à anses de forme élégante en verre de
Venise émaillé, sujets à paysages.

46 — Carafe en verre de Venise émaillé avec armoiries de
cardinal.

47 — Joli petit miroir Louis XIII dans un cadre en chêne
garni de cuivres finement ciselés.

48 — Grande et belle croix byzantine en buis très-finement sculpté, offrant vingt petits sujets tirés de l'histoire sainte, et sur les volutes de la crosse vingt-quatre
petits médaillons renfermant chacun une figure. Belle
conservation. Haut. 48 cent.

49 — Joli étui en émail, décor à fleurs sur fond bleu rehaussé d'or.

50 — Christ en bronze reposant sur une croix en lapis-la-
zuli, garnie de bronze doré. Époque Louis XIV.

51 — Petit cadre en cuivre estampé et repercé à jour. Epoque Louis XIII.

52 — Boussole en ivoire très-finement gravée. Époque
Louis XIV.

53 — Petite figurine en ivoire représentant Bacchus.
xvie siècle.

54 — Joli groupe en ivoire représentant l'Ange gardien. Époque Louis XIV.

55 — Manche de couteau en ivoire, très-finement sculpté. Époque Louis XIV.

56 — Plat en étain à l'effigie de Gustave-Adolphe.

57 — Deux petits plateaux ronds en étain.

58 — Tabatière en émail, décor chinois, monture argent doré. Époque Louis XV.

59 — Deux petites salières en émail de Venise.

60 — Saint Sébastien. Bel émail, signé Laudin, dans un cadre bois doré et sculpté. Haut., 22 cent.; larg., 18 cent.

61 — Portrait d'abbé sur émail dans un cadre en ébène garni de cuivres.

62 — Petite montre en cuivre du xvie siècle, à sonnerie.

63 — Petite horloge italienne à poids, aux armes des Della Rovere. xviie siècle.

64 — Petite horloge à sonnerie et réveil sur socle en bois garni de cuivres. xviie siècle.

65 — Joli cadre italien à colonnettes en bois peint et doré,

avec armoiries. Dans l'intérieur, portrait de sainte Thé-
rèse sur cuivre.

66 — Deux petits cadres ovales en bronze doré finement
ciselé. Époque Louis XVI.

MEUBLES

67 — Jolie petite commode Louis XV en bois de violette,
richement garnie de cuivre. Dessus de marbre en brocatelle d'Espagne.

68 — Beau secrétaire de forme droite en marqueterie
de bois de rapport, garni de bronzes dorés. Époque
Louis XVI.

69 — Deux chaises en noyer recouvertes en tapisserie au
petit point. Epoque Louis XIII. Seront vendues séparément.

70 — Deux petites consoles d'applique en bois finement
sculpté.

71 — Six chaises en bois de noyer, garnies. Epoque
Louis XIII.

72 — Petit tabouret en bois sculpté mi-partie doré, sup-
porté par un nègre. Ouvrage vénitien.

73 — Deux belles chaises en noyer sculpté, style renais-
sance. Seront vendues séparément.

74 — Deux jolis guéridons en bois sculpté, peint et doré,
supportés par des nègres. Travail moderne vénitien.
Seront vendus séparément.

75 — Trois fauteuils Louis XVI couverts en tapisserie.

76 — Meuble à deux corps en bois de noyer sculpté. Epoque Louis XIII.

77 — Deux chaises couvertes en velours et tapisserie
ancienne.

78 — Miroir en bois sculpté et doré avec sa glace du temps.
Epoque Louis XIV.

79 — Grand et beau cadre de glace en bois doré et sculpté,
avec sa glace du temps. Epoque Louis XV. Haut. 2 m.
25 c. larg. 1 m. 05 c.

80 — Deux grands cadres italiens en bois noir guilloché, à
riches moulures. Seront vendus séparément. Haut.
1 m. 32, larg. 1 m. 10.

81 — Grand et beau cadre en bois sculpté et doré, de
forme ovale, contenant un portrait de la Vierge. Epoque Louis XV.

ÉTOFFES & TAPISSERIES

82 — Grande et belle portière en tapisserie au petit point,

à riche ornementation de fleurs et rinceaux a__ médaillons à personnages au milieu et sur les côtés. Larg.
2 m. 10, haut. 2 m. 65.

83 — Tapisserie de Beauvais à paysages et sujets champê-
tres. Riche bordure à fleurs et à fruits. Belle conservation. Haut. 3 m., larg. 3 m. 20.

84 — Magnifique chasuble en drap d'or, richement brodé
à fleurs de couleurs et arabesques d'or en relief. Très-
belle conservation. Epoque Louis XIII.

85 — Grand couvre-pied en brocart de Venise à fleurs sur
font vert rehaussé d'or.

86 — Costume d'homme complet en soie cannetillée et
brochée à fleurs sur fond lilas. Belle conservation.
Epoque Louis XVI.

87 — Belle robe avec manches et corsage en lampas fond
blanc, brochée à fleurs de couleurs et rehaussée d'or.
Epoque Louis XV.

88 — Tunique d'homme entièrement en laine, semée de
fleurs et arabesques blanches sur fond à bandes rouges
et vertes. Très-belle conservation. xve siècle.

89 — Belle chasuble en velours vert de Gênes sur fond
jaune. xvie siècle.

90 — Grand tapis en velours cramoisi de Gênes, ton sur
ton avec sa frange.

91 — Chasuble en velours cramoisi à compartiments, ornée d'une bande de satin rouge avec appliques et broderies serties d'or en relief. Epoque Louis XIII.

92 — Tapis de table en tapisserie de Beauvais, dessin à fleurs et rinceaux. Epoque Louis XVI.

93 — Grande portière en brocatelle de Venise, fond rouge à riche dessin bouton d'or.

94 — Lambrequin en velours avec applications de soie jaune bouton d'or.

95 — Petit tapis soie jaune brodé à fleurs au point de Hongrie.

96 — Dessus de calice en soie bleue très-richement brodé, à relief or et argent.

97 — Tapis en velours de Gênes à fleurs violet sur fond jaune. xvie siècle.

98 — Chasuble en lampas broché à fleurs et lamé or sur fond bleu. Epoque Louis XIV. Fabrique de Lyon.

99 — Petit tapis soie, fond blanc broché à fleurs, lamé or. Epoque Louis XV.

100 — Coupon en gros de Tours, à fleurs et rinceaux de couleurs sur fond blanc. Epoque Louis XIV.

101 — Coupon d'étoffe havane clair brochée et lamée or.

102 — Petit tapis en velours et soie sur fond vert.

103 — Deux panneaux en brocatelle rouge et jaune.

104 — Grande tenture en brocatelle de Venise, rouge à grands dessins.

105 — Petit tapis en damas rouge richement brodé en fin. Fin du XVIᵉ siècle.

106 — Tapis en gros de Tours, broché à fleurs sur fond gris de fer. Époque Louis XV.

107 — Petit tapis en damas rouge brodé soie et or, avec armoiries et devises. Fin du XVIᵉ siècle.

108 — Tapis vénitien en damas bleu de ciel, broché en couleur et lamé or.

109 — Beau tapis en lampas vénitien, fond jaune broché et lamé argent.

110 — Morceau de velours de Gênes, à fleurs violettes sur fond jaune. XVIᵉ siècle.

111 — Tapis vénitien en damas rouge, broché à fleurs de couleur, rehaussé d'or.

112 — Petit coussin en étoffe brochée et lamée or sur fond rouge, avec glands et passementerie en fin.

113 — Deux morceaux velours rouge de Gênes.

114 — Quatre morceaux de velours rouge ton sur ton. Époque Louis XIV.

115 — Panneau en tapisserie de soie, à décor de fleurs, oiseaux et arabesques. Époque Louis XIII.

116 — Petit tapis en soie rouge, garni de dentelles de couleurs à sujets de chasse.

117 — Grand tapis en brocatelle de Venise, rouge et bouton d'or avec sa frange.

118 — Deux lambrequins sur drap vert brodés au passé. Époque Louis XIII.

119 — Grand panneau brodé en soie et point de Hongrie, représentant l'histoire de Moïse.

120 — Quatre rideaux en damas rouge, 13 mètres.

121 — Grande portière italienne en peluche avec armoiries. Haut., 2 m. 70 ; larg., 2 m. 45.